Cahier d'exercices

C. Martin
D. Pastor

www.cle-inter.com

Coordination éditoriale : D. García
Direction éditoriale : S. Courtier
Conception graphique et couverture : Zoográfico
Dessins : J. Bosch, I. Burgos, E. R. Mira, H. Thomassen, Zoográfico

Photographies : G. Rodríguez ; J. Jaime ; Prats i Camp s ; S. Enríquez ; *TERRANOVA INTERPRETACIÓN Y GESTION AMBIENTA L ; A. G. E.* FOTOSTOCK / Claude Nuridsany & Marie Perennou ; FOTONONSTOP ; HIGHRES PRESS STOCK / AbleStock.com ; I. Preysler ; JOHN FOXX IMAGES ; PHOTODISC ; STOCKBYTE ; MATTON-BILD ; PHILIPS ; SERIDEC PHOTOIMAGENES CD ; ARCHIVO SANTILLANA

Recherche iconographique : M. Barcenilla
Coordination artistique : C. Aguilera
Direction artistique : J. Crespo
Correction : A. García, A. Jouanjus, A.-F. Pueyo
Coordination technique : J. Á. Muela Ramiro
Direction technique : Á. García Encinar
Réalisation audio : Transmarató Espectacles S.L.
Compositions musicales : A. Prió, A. Vilardebò
Enregistrements et montage : Estudio Maratón. Barcelona
Direction : A. Vilardebò, I. Bres

© 2009, CLE International
© 2009, C. Martín Nolla, D.-D. Pastor
© 2009, S.E.S.L.

ISBN : 978-2-09-035473-7

TABLE DES MATIÈRES

Je découvre mon cahier —— 4

UNITÉ 0

Bonne rentrée ! —— 5

L'alphabet —— 6

Moi, à la rentrée, je recycle ! —— 7

Jeux-Révision —— 8

UNITÉ 1

L'ogre —— 9

Clément est dans la lune —— 10

Oh ! Je suis désolé ! —— 11

BD : Un cadeau de papy ! —— 12

Jeux-Révision —— 14

UNITÉ 2

Quelle heure est-il ? —— 15

Interview au collège —— 16

Petit tour en France —— 17

BD : Aujourd'hui, qu'est-ce que je mets ? —— 18

Test : Es-tu un as en français ? —— 20

UNITÉ 3

Mon chat est super mignon —— 21

Pauvre Wouaf ! —— 22

Un après-midi au parc —— 23

BD : Le nouveau —— 24

Jeux-Révision —— 26

UNITÉ 4

Qui est qui ? —— 27

Antoine et sa famille —— 28

BD : À la sortie de l'école —— 31

Test : Es-tu un as en français ? —— 32

UNITÉ 5

La chambre de Clément —— 33

Dans ta famille, êtes-vous écolos ? —— 34

BD : Soirée pyjama —— 36

Jeux-Révision —— 38

UNITÉ 6

Gaston se prépare —— 39

Les repas de Pauline —— 40

Le goûter —— 41

BD : La vieille sorcière Grabouilla —— 42

Test : Es-tu un as en français ? —— 44

UNITÉ 7

J'ai une tante au Maroc —— 45

La ville —— 46

BD : La lettre mystérieuse —— 48

Jeux-Révision —— 50

UNITÉ 8

Les 4 saisons —— 51

Spic —— 52

Jeux-Révision —— 54

CONJUGAISONS

—— 55

trois ● 3

LES CONSIGNES

coche

☒

entoure

(mon cahier)

écoute

complète

mon ca__hie__r

associe

mon — cahier

reconstitue

mon — cahier

Remets dans l'ordre

d'exercices ■ cahier ■ mon

↓

mon cahier d'exercices

colorie

recopie

mon cahier
↓
mon cahier

numérote

1 2 3 4

relie

1 — 2 — 3 — 4

barre

~~mon cahier~~

souligne

mon cahier

retrouve

 cahier

sépare les mots

moncahierd'exercices
↓
mon cahier d'exercices

écris

mon cahier d'exercices

4 ● quatre

BONNE RENTRÉE !

1 Barre le mot ou les syllabes qui composent le mot Youpi ! et déchiffre la conversation entre Wen et Pauline.

2 Reconstitue les 2 dialogues. Écris la bonne lettre dans chaque bulle.

a) C'est un cadeau de Jonathan. b) Tu préfères l'école ??? Mais tu es fou !
c) Qu'est-ce que c'est ? d) Alors, les vacances ? e) Génial ! Et toi ?
f) Bof ! Je préfère l'école !!! g) Mmm... c'est un secret.
h) Ah bon... et qui est-ce, Jonathan ?

 Écoute et vérifie.

L'ALPHABET

1 Wen est surprise : un message secret !!! Que dit-il ?

9	42	47	16	33		50	13	21	!
S		u		t		W			!

26	13		9	16	11	9		13	21	6ᵉ	42
J										6ᵉ	

26	13		9	16	11	9		33	37	21
									t	

42	28	5	11	49	42	33	13	16	49		9	13	8	49	13	33
		r														

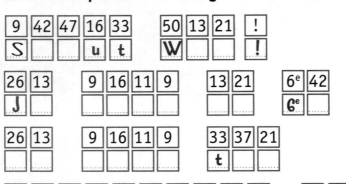

2 Complète le nom des mois de l'année.

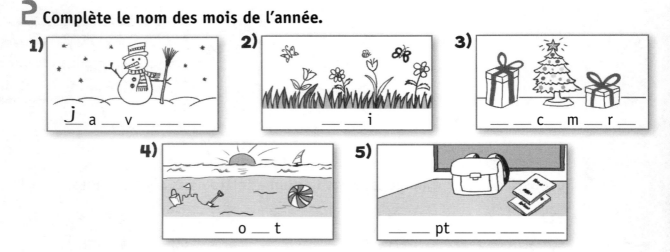

1) j _ a _ v _ _ _
2) _ _ i _
3) _ _ c _ m _ r _
4) _ o _ t
5) _ _ pt _ _ _ _ _

3 Mots cachés. Retrouve les 7 jours de la semaine et les 12 mois de l'année.

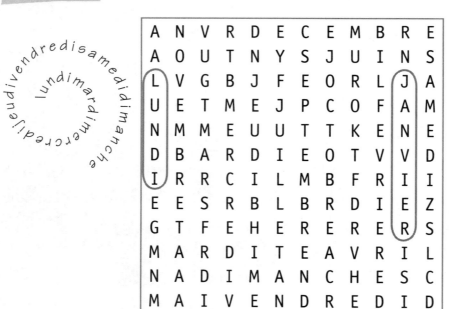

6 • six

Moi, à la rentrée, je recycle !

1 Le matériel scolaire. Observe les silhouettes et compte.

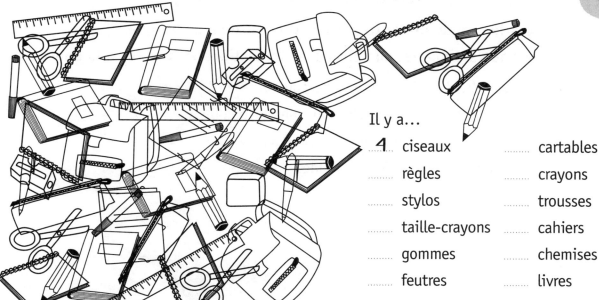

Il y a…

..4.. ciseaux .... cartables
.... règles .... crayons
.... stylos .... trousses
.... taille-crayons .... cahiers
.... gommes .... chemises
.... feutres .... livres

2 Observe et complète la grille.

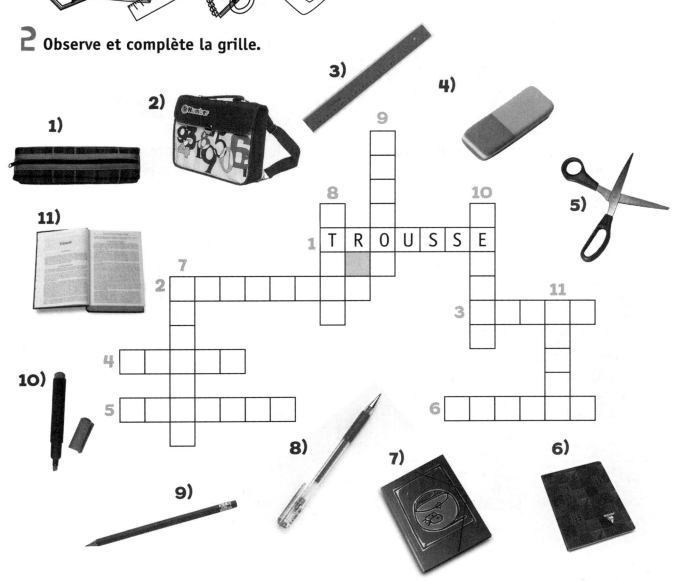

sept ● 7

Jeux – Révision

1 **Jeu de logique.** L'arc-en-ciel de la planète LPCM009.

a) Colorie chaque étiquette avec la couleur qu'elle désigne.

b) Colorie l'arc-en-ciel en suivant les indications et réponds à la question.

1) Le violet est à côté d'une seule couleur.
2) Le bleu est séparé du violet par une autre couleur.
3) L'orange est entre le jaune et le rouge.
4) Le noir n'est pas à côté du jaune.
5) Où est le vert ? ....

2 Relie les nombres dans l'ordre croissant en les disant à haute voix pour réviser et découvre qui est l'invitée de Red, le vampire. Après, colorie la scène.

8 • huit

L'OGRE

 1 Écoute et écris le nombre dans la case correspondante.

+	50	60	70	80	90
1					
2			72		
3					
4					
5					
6					
7					
8					
9					

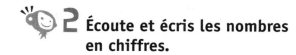 **2** Écoute et écris les nombres en chiffres.

- 80 quatre-vingts
- ..... soixante-dix
- ..... quatre-vingt-dix
- ..... quatre-vingt-treize
- ..... quatre-vingt-deux
- ..... soixante-quinze
- ..... cinquante-neuf
- ..... soixante-sept

3 Aide Gaston, l'ogre, à trouver le chemin pour aller voir son copain Marcel. Attention ! Le chemin passe seulement par les cases qui ont pour résultat 90 ! (Exemple : 84 + 6 = 90)

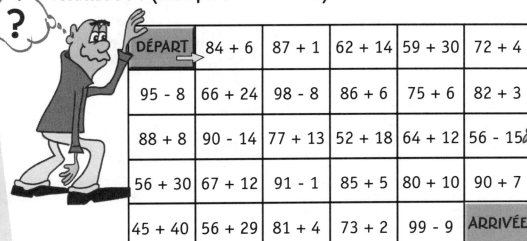

DÉPART →	84 + 6	87 + 1	62 + 14	59 + 30	72 + 4
95 - 8	66 + 24	98 - 8	86 + 6	75 + 6	82 + 3
88 + 8	90 - 14	77 + 13	52 + 18	64 + 12	56 - 15
56 + 30	67 + 12	91 - 1	85 + 5	80 + 10	90 + 7
45 + 40	56 + 29	81 + 4	73 + 2	99 - 9	ARRIVÉE

CLÉMENT EST DANS LA LUNE

1 **Lis le dialogue. Remets les phrases dans l'ordre.**

- Jeudi 14 novembre ? Tu es sûr, Clément ? ☐

- Qui veut écrire la date au tableau ? 1

- Hé, hé les enfants... N'oubliez pas... le 14 novembre, c'est l'anniversaire de Clément !!! ☐

- Heu... ☐

- Voyons... Aujourd'hui, c'est le... ? ☐

- À toi, Clément ! ☐

- Oh là là ! Clément, tu es dans la lune ! Allez, va t'asseoir !!! ☐

- 14 septembre ! ☐

- Oh ! Excusez-moi, monsieur... c'est que... le 14 novembre, c'est mon anniversaire ! ☐

- Moi ! Moi ! ☐

Écoute et vérifie.

2 **Reconstitue les 2 phrases-puzzle.**

EST — LE — D'AUJOURD'HUI — DATE — 2 — C'EST

OCTOBRE — LUNDI — QUELLE — LA

Quelle ....

....

À toi !

Dans ton pays, quel est le jour de la rentrée ?

Quelle est la date de ton anniversaire ?

Quel est le dernier jour de classe ?

Et l'anniversaire de ton meilleur ami / de ta meilleure amie ?

...est le jour de la fête nationale ?

OH ! JE SUIS DÉSOLÉ !

1 Observe la classe. Qui parle ? le professeur (P) ou un(e) élève (E) ?

1) Silence, s'il vous plaît ! — P
2) Je peux ouvrir la fenêtre ? ☐
3) Je peux aller aux toilettes ? ☐
4) Va t'asseoir, s'il te plaît. ☐
5) Je suis désolé, j'ai oublié mon livre... ☐
6) Marc, efface le tableau, s'il te plaît. ☐

Écoute et vérifie.

2 Écoute et coche d'une croix : *le* ou *les* ?

	1	2	3	4	5	6	7
le							
les	X						

3 Complète.

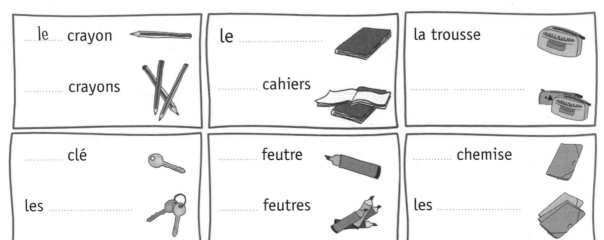

- ..le.. crayon
- .... crayons
- .... clé
- les ....
- le ....
- .... cahiers
- .... feutre
- .... feutres
- la trousse
- ....
- .... chemise
- les ....

BD * Un cadeau de papy !

1 Barre l'option incorrecte.

Demain, Pauline a un contrôle de géographie / maths. Son papa / Son grand-père arrive à la maison. Il a un cadeau / un gâteau pour elle. Qu'est-ce que c'est ? / Qui est-ce ? C'est un dictionnaire ! / une boîte de chocolats ! Quelle surprise ! / horreur !

Papy pense que c'est un cadeau très utile / original pour les contrôles / les vacances parce que ça donne de la fièvre / de l'énergie et ça met de bonne humeur / mauvaise humeur. Pauline est très triste / contente. Elle adore / n'aime pas le chocolat et les idées folles / les bonnes idées de son papy !

 Écoute et vérifie.

2 Je lis - Je dis Lis et marque la liaison.

1) C'est un livre d'aventures ?
2) C'est un dictionnaire ?
3) C'est une trousse ?
4) C'est une surprise !
5) C'est une boîte de chocolats.
6) C'est un cadeau fantastique !

3 Que dit Pauline ? Sépare les mots et recopie.

Papytuesgénial,j'adore tesbonnesidées !

Papy ....

 Écoute et vérifie.

12 • douze

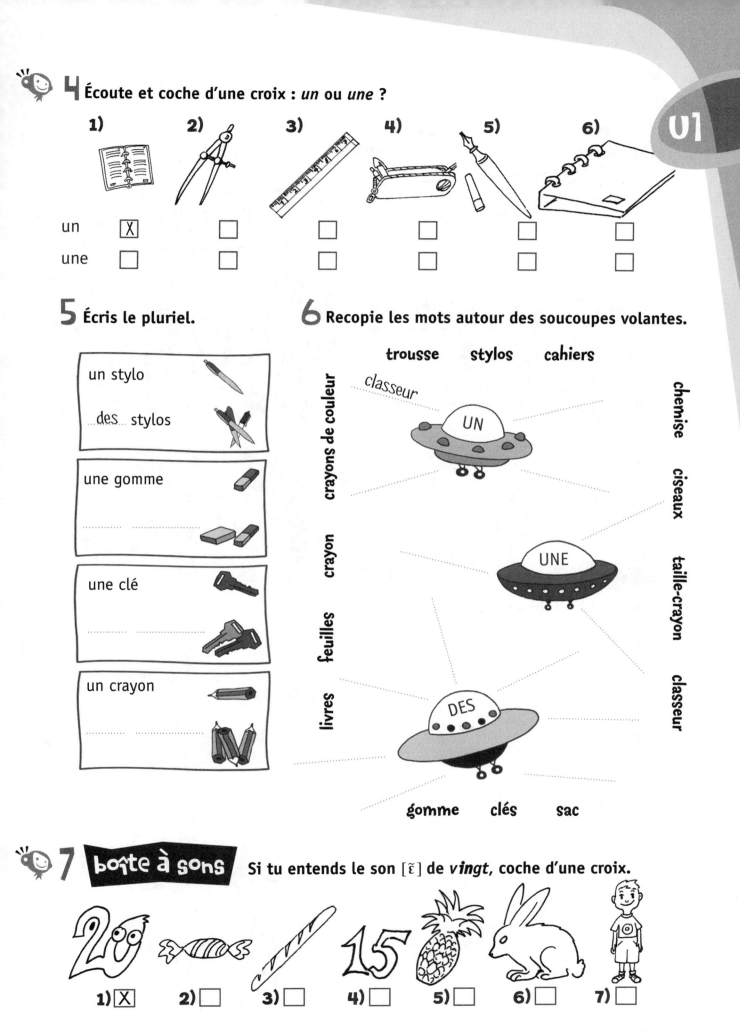

Jeux - Révision

U1

1 Trouve les participants qui sont identiques.

Séries de Bolobolos identiques :

1) | 59 | 64 | | |

2) | 91 | | | | 4) | 58 | | | 6) | 60 | |

3) | 16 | | | | 5) | 9 | | | 7) | 34 | |

Le plus original, c'est le gagnant !

2 Que dit Théo ? Complète à l'aide de 2 lettres seulement !

Oh là là !
J_ _ui_ d_ _ol_ _ !
J'ai oubli_ _ mon cahi_ _r,
ma trou_ _ _ _, _t m_ _ _
f_ _utr_ _ _ !

14 • quatorze

QUELLE HEURE EST-IL ?

1 Observe et souligne l'heure correcte.

1)

a) Il est 8 heures 10.
b) Il est 8 heures moins 10.

2)

a) Il est 3 heures et demie.
b) Il est 3 heures et quart.

3)

a) Il est 6 heures et quart.
b) Il est 6 heures moins le quart.

4)

a) Il est midi et demi.
b) Il est midi.

2 Complète l'heure.

et quart ▪ moins ▪ Il est ▪ et demie ▪ heures

1) Il est 9 ....

2) .... 9 heures .... le quart.

3) Il est neuf heures ....

4) Il est 9 heures ....

3 Écoute, complète et dessine les aiguilles.

1)

Il est .... heures.

2)

Il est ....

3)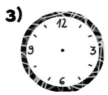

Il est 1 heure moins ....

4)

Il est 4 heures et ....

quinze ● 15

INTERVIEW AU COLLÈGE

1 Lis les questions et numérote les réponses dans l'ordre.

Écoute et vérifie.

2 Déchiffre le message. Où habite Diaboline ?

Trouve les lettres.

PETIT TOUR EN FRANCE

1 Julie la fourmi se promène dans Paris.

a) Complète les bulles à l'aide des mots suivants.

robe ▪ chaud ▪ sportive ▪ fantastique ▪ Tokyo

b) Comment est-ce qu'elle visite Paris ? Écris le moyen de transport sous chaque dessin.

Il fait chaud.

En bateau

Oh là là, c'est .... !

Attentiooooon !!!

Ooooh ! C'est comme à .... !!!

Oh ! Quelle jolie .... !!!

Je suis très .... !!!

2 boîte à sons Si tu entends le son [œ] de *heure*, coche d'une croix.

   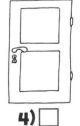   

1) [X]   2) ☐   3) ☐   4) ☐   5) ☐   6) ☐   7) ☐

dix-sept ● 17

BD ✳ Aujourd'hui, qu'est-ce que je mets ?

1 Complète ce résumé de la BD à l'aide des étiquettes.

`collège` `Elle` `problème` `pantalon` `met` `bleu` `ses` `robe` `originale` `des`

Wen a un petit _problème_ : elle ne sait pas quels vêtements mettre pour aller au ....
Une jupe ? Un .... ? Une .... ?

Oh là là ! C'est difficile ! Finalement, elle .... un jean, un tee-shirt et un bandeau ....
Elle pense : « Je suis très .... !!! »

.... arrive au collège et... surprise !
Toutes .... copines portent .... vêtements identiques !!! Elles sont toutes très originales !!!

 Écoute et vérifie.

2 Phrase-puzzle. Wen a une bonne excuse ! Laquelle ?

D'ÊTRE — HEURES — À — TRÈS — DIFFICILE — C'EST — ORIGINALE

C'est ....
....
....

18 • dix-huit

3 Entoure l'adjectif correspondant.

Dans mon armoire, il y a...

1) un tee-shirt (bleu) / bleue
2) un manteau noir / noire
3) un pantalon gris / grise
4) une jupe vert / verte
5) une chemise blanc / blanche
6) un short violet / violette

4 Écris le féminin (b) et colorie.

1) a) un sac *noir* b) une valise n_oire___

2) a) un pull *vert* b) une chemise v_____

3) a) un feutre *violet* b) une fleur v_____

4) a) un pantalon *jaune* b) une jupe j_____

5) a) un crayon *rouge* b) une chemise r_____

6) a) un tee-shirt *rose* b) une chaussette r_____

5 Je lis - Je dis   Lis et barre les « e » qui ne se prononcent pas.

1) Madame la marquise porte une robe verte et grise.
2) Madame Alberte mange une pomme verte.
3) La petite Julie a une amie très jolie qui s'appelle Élodie.
4) Constance porte une chemise blanche.

 Écoute et vérifie.

Test : Es-tu un as en français ?

TU COMPRENDS TOUT ?

1 Quelle heure est-il ? Choisis la bonne horloge.

1) 2) 3) 4) 5)  6)

a) Il est 10 heures. .... d) Il est minuit. ....
b) Il est 10 heures moins 10. .... e) Il est 10 heures moins le quart. ....
c) Il est 10 heures et demie. .... f) Il est midi 10. ....

score : / 6

2 Colorie les paires de la même couleur.

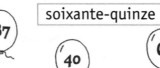

quatre-vingt-sept   soixante-quinze   soixante-six
75   87   53   94
40   66
cinquante-trois   quatre-vingt-quatorze   quarante

score : / 6

À TOI D'ÉCRIRE !

3 Remets les mots dans l'ordre.

1) t'appelles • tu • Comment

.... ?

2) es • quelle • Tu • classe • en

.... ?

3) les • cours • heure • À • quelle • commencent

.... ?

4) tu • collège • Comment • au • vas

.... ?

Sophie.
En 6ᵉ B.
À 8 h 30.
En bus.

score : / 8

score total : / 20

Le français et toi.

Tu aimes parler français ? Colorie la bulle.

Oui, j'adore ça !
Comme ci comme ça !
Non ! Quelle horreur !
Non, parce que je suis timide !
Non, parce que je fais des erreurs !

20 • vingt

MON CHAT EST SUPER MIGNON

1 Remets les lettres dans l'ordre et indique les parties du corps.

l l e s e i O r
Oreilles

c u e t a M o h s

e u x Y

o l P i

f f G r i e s

t F n o r

t t P a e s

u u e e e Q

2 Complète la description de Scotty à l'aide des étiquettes.

Mon chat s'appelle Scotty.
Il est tout petit (1) et super .... (2) !!!
Il a une .... (3) queue et des oreilles .... (4) et pointues.
Il est .... (5) et il a les pattes .... (6).
Il a une tache .... (7) sur le front.
Il adore jouer. Attention à ses griffes !!! Aïe aïe aïe !! Ça fait mal !!!
Scotty est très .... (8) et affectueux... Il adore regarder la télé à côté de moi...
Il est très .... (9) mais il n'est pas .... (10).
C'est mon meilleur ami !

a) noir
b) longue
c) mignon
d) coquin
e) petit
f) petites
g) blanches
h) blanche
i) méchant
j) gentil

Écoute et vérifie.

vingt et un ● 21

PAUVRE WOUAF !

1 Comment est Wouaf ? Coche la bonne phrase.

1) a) Ses oreilles sont pointues. ☐
   b) Ses oreilles ne sont pas pointues. ☒

2) a) Sa queue est très longue. ☐
   b) Sa queue n'est pas très longue. ☐

3) a) Ses yeux sont petits. ☐
   b) Ses yeux ne sont pas petits. ☐

4) a) Ses pattes sont courtes. ☐
   b) Ses pattes ne sont pas courtes. ☐

5) a) Son poil est court et raide. ☐
   b) Son poil est long. ☐

2 Complète : *Il est... ou Il n'est pas...* ?

1) ......Il n'est pas..... agressif.

2) .... idiot.

3) .... affectueux.

4) .... un peu coquin.

5) .... grand.

6) .... méchant.

3 Wouaf est triste. Réponds aux questions.

1) - Il mange ?
   - Non, il ne mange pas ....

2) - Il joue ?
   - Non, il ....

3) - Il saute ?
   - Non, il ....

4) - Il pleure ?
   - Oui, il ....

5) - Il est malade ?
   - Non, il ....

6) - Il est amoureux de Lila ?
   - Oui, il ....

22 vingt-deux

UN APRÈS-MIDI AU PARC

1 Complète avec le sujet ou la terminaison du verbe.

1)

___Je___ joue
_____ joues
_____ joue
_____ joue

2)

Je saut___e___
Tu saut___
Elle saut___
Il saut___

2 Vinyle ne danse pas ! Complète les bulles.

1) Vinyle, tu ne danses ___pas___ ?

Il n'est _____ fatigué ! Il _____ danse _____ parce qu'il danse très mal !

2) Non, euh... je suis fatigué ! Euh... Je _____ suis _____ en forme...

3) Aïe aïe !!! Attentiooon, Scobb !!! Mes pieds !!!

4) Roula, tu es géniale ! Tu _____ danses _____ , tu voles !!!

Merci, Scobb. Et toi, tu es un as de la danse !!!

6) Scobb, tu _____ 'es _____ un as de la danse !!!

 Écoute et vérifie.

vingt-trois ● 23

Le nouveau

1 Lis et remets l'histoire dans l'ordre.

- [ ] a) Il ne répond pas parce que la cloche sonne.
- [ ] b) Émilie est rouge comme une tomate !
- [ ] c) À côté de la porte, il y a un garçon un peu bizarre : il ne joue pas et il ne parle pas avec les autres.
- [1] d) Il est 8 h moins 5. Émilie et Laura sont dans la cour de l'école.
- [ ] e) Elles le trouvent très beau : Émilie adore ses yeux verts et Laura adore les garçons grands et bruns.
- [ ] f) En classe, le professeur présente Adrien, le nouveau camarade.
- [ ] g) Laura demande au garçon, de la part de son amie, comment il s'appelle.

2 Que pense Adrien de Laura et Émilie ? Remplace chaque lettre par la lettre qui la précède dans l'alphabet et recopie. Attention : a = z !

Fmmft tpou vo qfv cjabssft !

24 • vingt-quatre

3 Le pluriel. Complète (b).

1)
a) Il est petit.

2)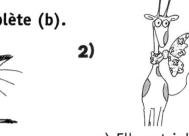
a) Elle est jolie.

3)
a) Il est méchant.

b) ILS sont petitS.

b) ___ sont jolie___.

b) Ils ___ méchant___.

4)
a) Elle est coquette.

5)
a) Il est grand.

6)
a) Elle est comique.

b) ___ sont coquette___.

b) ___ ___ grand___.

b) ___ ___ comique___.

4 Je lis – Je dis Lis et barre les lettres qui ne se prononcent pas.

1) des gants bleus
2) des sœurs jumelles
3) des chiens noirs
4) mes chaussures rouges
5) les fleurs jaunes
6) mes longs bras

Écoute et vérifie.

5 boîte à sons Si tu entends le son [ø] de *cheveux*, coche d'une croix.

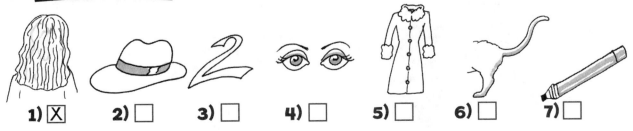

1) [X] 2) ☐ 3) ☐ 4) ☐ 5) ☐ 6) ☐ 7) ☐

vingt-cinq • 25

Jeux – Révision

1 Associe les verbes aux photos. Puis conjugue chaque verbe à la personne indiquée dans la grille et tu découvriras le verbe mystérieux !

téléphoner ◯   écouter ◯   aimer ◯   sauter ◯   manger ◯

lire ◯   chanter ◯   observer ◯   parler ◯   pleurer ◯

[elle] 1
[je] 2
[elle] 3
[tu] 4
[il] 5
[tu] 6
[elle] 7
[tu] 8
[j'] 9
[tu] 10

2 Complète le message de Didi la cigale avec le verbe écrit à la verticale dans la grille.

Moi, je n'aime pas ....
Je préfère chanter !

26 • vingt-six

QUI EST QUI ?

1 Observe et barre les informations qui ne sont pas correctes. (Livre, p. 29).

Lisette Lefour

1) C'est une jeune fille / ~~vieille dame~~ / ~~petite fille~~.
2) Elle est brune / ~~blonde~~ / ~~rousse~~.
3) Elle a les cheveux ~~courts~~ / ~~frisés~~ / longs / raides.
4) Elle ne porte pas de lunettes / ~~couettes~~.
5) Elle a une petite / ~~longue~~ frange.
6) Son nez est ~~grand~~ / ~~long~~ / ~~gros~~ / petit.
7) Ses yeux sont grands et verts / ~~petits et marron~~.
8) Elle a une petite / ~~grande~~ bouche.

2 Lis, puis termine les portraits des parents de Lisette et colorie-les.

M. Lefour

Mme Lefour

M. Lefour est brun. Il a les cheveux courts. Il est un peu chauve. Il a une moustache et une longue barbe. Ses yeux sont petits et marron et il porte des lunettes.

Mme Lefour est rousse. Elle a les cheveux courts et raides. Elle porte une longue frange comme sa fille. Ses yeux sont grands et verts.

vingt-sept • 27

ANTOINE ET SA FAMILLE

1 Écoute et coche d'une croix : *masculin* (M) ou *féminin* (F) ?

	1	2	3	4	5	6	7	8
M								
F	X							

2 Observe les 2 clowns du cirque Cric-crac. Souligne l'information correcte.

1) Il est…
   grand
   <u>petit</u>
   gros
   maigre
   blond
   brun
   chauve
   jeune
   vieux

2) Elle est…
   <u>grande</u>
   petite
   grosse
   maigre
   blonde
   brune
   chauve
   jeune
   vieille

3 Voici Isidore et Dalila, les jumeaux trapézistes ! Complète.

1)
   a) Il est grand.
   b) Il est _____.
   c) Il est fort.
   d) Il est _____.
   e) Il est sympathique.
   f) Il est _____.
   g) Il est beau.

2) a) Elle est ___grande___.
   b) Elle est grosse.
   c) Elle est _____.
   d) Elle est comique.
   e) Elle est _____.
   f) Elle est musclée.
   g) Elle est _____.

28 • vingt-huit

4 Complète : *Il a un / Il a une / Il a des... ? ou Il n'a pas de... ?*

1) Il n'a pas de .... moto.
2) .... bicyclette.
3) .... lunettes.
4) .... casque.
5) .... sac.
6) .... bottes.
7) .... baskets.
8) .... chien.
9) .... petite chatte.

5 Retrouve 7 professions : colorie de la même couleur les 2 parties du même mot. Après, écris le nom reconstitué sous la photo correspondante.

1)

2)

3)

.... vétérinaire ....

4)

 VÉTÉ   LISTE
 JOURNA   GRAPHE
 CHANT   RINAIRE
 JARDI   TRE
 PROFES   EUSE
 PEIN   NIER
PHOTO   SEUR

5)

6)

7)

vingt-neuf 29

6 LA FAMILLE DE FATOU. Complète à l'aide des étiquettes.

mère | grand-père | père | grand-mère
arrière-grand-père | cousin | tante | sœur

7 Vrai ou faux ? Coche d'une croix.

1) Fatou a une sœur.
2) Fatou est fils unique.
3) Antoine est un cousin de Fatou.
4) Aude-Rose est la sœur d'Antoine.
5) La tante d'Aude-Rose est divorcée.
6) Les parents d'Aude-Rose sont l'oncle et la tante d'Antoine.

	VRAI	FAUX
1	X	

8 Lis et coche la bonne réponse.

1) Pourquoi toute la famille d'Antoine est réunie ?
a) Parce qu'il y a un nouveau membre dans la famille. ☐
b) Parce que c'est l'anniversaire de Fatou. ☐

2) Pourquoi la grand-mère est en pleine forme ?
a) Parce qu'elle prend beaucoup de médicaments. ☐
b) Parce qu'elle fait du tai chi. ☐

3) Pourquoi Aude-Rose veut être esthéticienne ?
a) Parce qu'elle adore les produits de beauté. ☐
b) Parce qu'elle est très laide. ☐

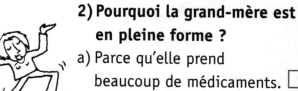

4) Pourquoi l'oncle d'Antoine est jardinier ?
a) Parce qu'il adore les fleurs et les plantes. ☐
b) Parce qu'il est végétarien. ☐

BD ✷ À la sortie de l'école

1 Ils font les petits fous ! Observe, lis et souligne la bonne option.

1)
2)
3)
4)
5)

a) Ils marchent. a) Elle parle. a) Ils parlent. a) Il tombe. a) Ils rient.
b) Elles marchent. b) Il parle. b) Elles parlent. b) Ils tombent. b) Elles rient.

2 Colorie la bonne terminaison.

Tu aim (ent) (es) (e) les films d'horreur ?

Ils regard (es) (e) (ent) la télé.

Elle dans (ent) (es) (e) très bien !

Tu mang (ent) (es) (e) une glace énorme !

Ils saut (es) (ent) (e) .

J'écout (ent) (es) (e) un CD.

3 boîte à sons — Si tu entends le son [ɔ] de *fort*, coche d'une croix.

1) ☒ 2) ☐ 3) ☐ 4) ☐ 5) ☐ 6) ☐ 7) ☐

4 Je lis - Je dis — Complète avec « u » ou « ou ».

1) m_u_sique
2) kang__r__
3) tamb__r
4) l__nettes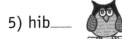
5) hib__
6) L__ne

 Écoute et vérifie.

Test : Es-tu un as en français ?

TU COMPRENDS TOUT ?

1 Complète la lettre de Marie à sa correspondante anglaise.

mon ▪ ai ▪ s'appelle ▪ chien ▪ J'habite ▪ pas de ▪ mère ▪ a ▪ une ▪ m'appelle ▪ passion ▪
sœur ▪ sont ▪ supermarché ▪ couleur ▪ grand ▪ est ▪ cousins ▪ Noire ▪ habitent

> Chère Lucy,
>
> Je .... [1] Marie et j'................... [2] 12 ans. .... [3] à
> Melun (c'est à côté de Paris). .... [4] père s'appelle Fernand et il travaille dans
> un .... [5]. Ma .... [6] s'appelle Mireille. Elle .... [7] infirmière.
> J'ai une petite .... [8] qui .... [9] Juliette. Elle .... [10]
> 7 ans. Je n'ai .... [11] frère. J'ai aussi 5 .... [12], mais ils n' ....
> [13] pas à Melun. Ma .... [14], c'est les animaux ! Comme j'habite dans une
> maison avec un .... [15] jardin, j'ai un .... [16], Loulou, ...
> [17] tortue, Chloé et 2 chattes : Blanche et .... [18]. Devine de quelle
> .... [19] elles .... [20] !
> Réponds-moi vite !
>
> Marie

score : / 10

À TOI D'ÉCRIRE !

2 Sur ce modèle, écris une lettre à ton/ta correspondant(e).

score : / 10

score total : / 20

Le français et toi.

Tu travailles régulièrement ? Colorie la bulle.

Oui, j'aime beaucoup travailler.

Hummm... Ça dépend.

Je suis le champion/ la championne du moindre effort.

LA CHAMBRE DE CLÉMENT

1 Complète les étiquettes, puis colorie de la même couleur chaque objet et l'étiquette correspondante.

(un bu r eau) (une _am_ _) (un _ _ _oir) (une _t_g_re) (une ar_oi_ _)

(une _ _nê_ _ _) (une c_rb_ _lle à pap_ _ _) (un _rd_n_t_ _ _) (un l_ _)

2 Clément a oublié de fermer la cage des hamsters. Où sont-ils ? Retrouve-les !

Il y a un hamster...

1) devant la fenêtre _____ . 5) à gauche de _____ .
2) sur _____ . 6) sous _____ .
3) derrière _____ . 7) à droite du _____ .
4) entre _____ et _____ . 8) dans _____ .

trente-trois ● 33

DANS TA FAMILLE, ÊTES-VOUS ÉCOLOS ?

1 M. et Mme Pinocchio participent à un concours radiophonique : « Êtes-vous écolo ? ».

a) Complète l'interview à l'aide des boîtes à mots.

protégez ■ achetez ■ êtes ■ utilisez

faisons ■ prenons ■ adorons ■ avons ■ sommes ■ recyclons ■ sommes

1. Vous êtes écologistes ?
2. Oui, nous .... très écologistes.
3. Comment vous .... la planète ?
4. Nous .... le papier, le plastique, le verre...
5. .... et nous .... des économies d'eau !
6. Vous .... des produits bio ?
7. Oh, oui ! Nous .... végétariens et nous .... les légumes bio !
8. Vous .... la voiture ?
9. Nooooon !!! Nous n'.............. pas de voiture.
10. Euh... Nous .... toujours le bus.

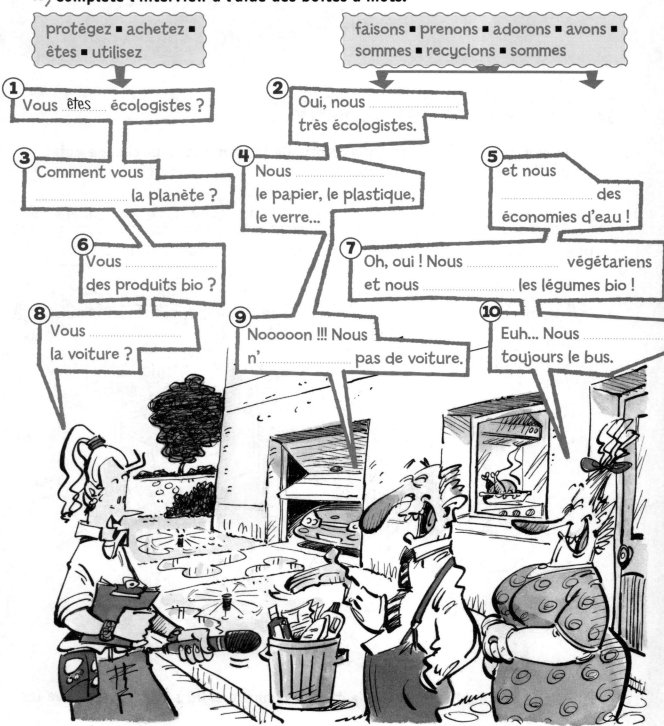

Écoute et vérifie.

b) M. et Mme Pinocchio ne disent pas la vérité. Observe le dessin et entoure les 4 mensonges.

34 ● trente-quatre

2 Complète avec le sujet ou la terminaison du verbe, puis colorie les personnes qui se prononcent de la même façon.

j'écoute	je parl___
___ écoutes	tu parl___
___/elle écout___	il/elle parl___
___ écoutons	nous parl___
___ écoutez	vous parl___
___/___ écoutent	ils/___ parl___

 Écoute et vérifie.

3 Les frères Supervert sont super-écolos. Que disent-ils ? Entoure.

1)
a) Nous prenons une douche rapide.
b) Nous prenons un bon bain.

2)
a) Nous écrivons sur un seul côté de la feuille.
b) Nous écrivons sur les 2 côtés de la feuille.

3)
a) Nous allons à l'école en voiture.
b) Nous allons à l'école à pied.

4)
a) Nous éteignons la lumière.
b) Nous allumons toutes les lumières.

5)
a) Nous détestons la pollution.
b) La pollution ??? Qu'est-ce que c'est ?

6)
a) Il fait froid. Il faut allumer le chauffage !
b) Il fait froid. Nous mettons un gros pull.

4 Je lis – Je dis Lis à haute voix et fais la liaison.

1) Vous avez des amis fantastiques.
2) Vous aimez un garçon qui s'appelle Paul.
3) Vous êtes très original.
4) Nous adorons les animaux.
5) Nous observons les oiseaux.
6) Nous écoutons Radio Écolo.

 Écoute et vérifie.

trente-cinq ● 35

Soirée pyjama

1 Test : lis et souligne la bonne option.

1) Laura et ses amies sont...
 a) en colonie de vacances.
 b) dans la chambre de Laura.

2) Elles font...
 a) une soirée surprise.
 b) une soirée pyjama.

3) Les parents de Laura...
 a) sortent ce soir.
 b) restent à la maison.

4) La maman...
 a) fait des recommandations.
 b) dit « bonne nuit » et « au revoir ».

5) Laura et ses copines...
 a) restent seules à la maison.
 b) invitent d'autres copines.

6) Elles...
 a) ont beaucoup d'idées pour passer la soirée.
 b) n'ont pas d'idées.

7) Elles font...
 a) une bataille d'oreillers.
 b) un jeu de mime.

8) Elles racontent...
 a) des blagues.
 b) des histoires qui font peur.

9) Laura et ses copines...
 a) ont réellement peur.
 b) jouent la comédie.

10) Les parents arrivent.
 a) Ils ne sont pas contents.
 b) Ils ne comprennent pas la situation.

2 Fais un petit résumé de l'histoire à l'aide des phrases du test.

Laura et ses amies sont ....
Elle font .... Les parents de Laura ....
La maman .... Laura et ses
copines .... Elles
.... Elles font .... Elles
racontent .... Laura et ses copines ....
Les parents arrivent.
....

3 Lis ce que dit Laura et complète le texte en remplaçant « nous » par « on » et en conjuguant les verbes à la personne adéquate.

Pauline, Wen et moi **nous sommes** dans la même classe. **Nous sommes** très copines. **Nous parlons** beaucoup entre nous. **Nous avons** les mêmes goûts. **Nous adorons** être ensemble ! **Nous sommes** inséparables !

Pauline, Wen et moi ....on est.... dans la même classe. On .... très copines. .... parle beaucoup entre nous. On .... les mêmes goûts. On .... être ensemble ! .... est inséparables !

4 Complète la grille avec le verbe *faire*. Après, recopie le verbe.

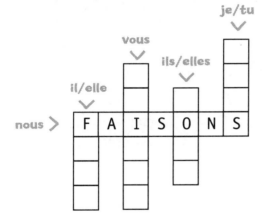

nous > F A I S O N S

je ....
tu ....
il/elle ....
nous ....
vous ....
ils/elles ....

5 boîte à sons — Écoute et complète avec « b » ou « v ».

1) _V_ictor le __é_é boa __oit très __ite son _i_eron plein de _itamine A.

2) _alérie la _ache _a à une _elle fête sur une vieille _icyclette.

Jeux – Révision

1 Trouve les 7 différences.

A 1) Le coussin est sur le lit.
2) La photo est sur l'étagère.
3) Le chat est derrière l'ordinateur.
4) Le hamster est dans le tiroir.
5) Le chien est derrière la corbeille à papier.
6) Les lunettes sont à côté de l'ordinateur, à gauche.
7) Il y a un ballon sur l'armoire.

B 1) ....
2) ....
3) ....
4) ....
5) ....
6) ....
7) ....

UNITÉ 6

GASTON SE PRÉPARE

1 Que fait Gaston avant de partir travailler ? Observe et coche la bonne option.

1)
a) Il se réveille à 7 h. ☐
b) Il dort jusqu'à 10 h. ☐

2)
a) Il reste au lit. ☐
b) Il se lève. ☐

3)
a) Il fait du yoga. ☐
b) Il se lave. ☐

4)
a) Il écoute la radio. ☐
b) Il s'habille. ☐

5)
a) Il se brosse les dents. ☐
b) Il se brosse les cheveux. ☐

6)
a) Il se coiffe. ☐
b) Il se parfume. ☐

7)
a) Il prend un bon petit déjeuner. ☐
b) Il prend seulement un café. ☐

8)
a) Il se regarde dans la glace. ☐
b) Il regarde par la fenêtre. ☐

9)
Il met son chapeau préféré et va se promener avec son copain Marcel !

 Écoute et vérifie.

trente-neuf • 39

LES REPAS DE PAULINE

1 Que mange Pauline ? Observe et complète.

1)

Pour son petit déjeuner, elle prend...

des biscuits,

2)

Pour son goûter, elle prend...

2 Complète avec la terminaison du verbe *prendre* qui convient : « d » ou « ds » ?

1)

Pourquoi tu ne prends pas un canapé au jambon ? Il sont délicieux !

Non merci, je ne pren___ pas de viande, je suis végétarien.

2)

Oh là là ! Quelle horreur ! Elle pren___ 3 sandwichs au fromage.

Beurk, oui, c'est horrible !

3)

Chéri, qu'est-ce que tu pren___ ? Un jus d'orange ? Un jus de fraise ?

Un jus de tomate.

40 quarante

LE GOÛTER

1 Complète.

1)  un sandwich

2)  du p_ _n

3)  un _a_ _rt

4)  des b_ _c_ _ts

5) des _é_éa_e_

6)  des fr_ _t_

7)  un c_oi_ _a_t

8)  un _â_ eau

9) du _oc_la_

10)  des t_rt_n_ _

11)  du l_ _t

12)  un j_s de fr_ _t_

2 Complète les horaires des repas d'Émilie.

16 h 30 ▪ 8 h ▪ 20 h ▪ 13 h

- À ...., je prends mon petit déjeuner.
- À ...., je déjeune.
- À ...., je prends mon goûter.
- À ...., je dîne.

À toi !

Quels sont les horaires de tes repas ?

....
....
....
....

BD La vieille sorcière Grabouilla

1 Interview de la sorcière Grabouilla. Relis la BD (Livre, p. 46) et complète les réponses.

- À quelle heure tu te lèves ?
- À quelle heure tu te couches ?
- Qu'est-ce que tu prends au petit déjeuner ?
- 4) Comment tu t'habilles ?
- 5) Tu te maquilles ?
- 6) À quelle heure tu commences à travailler ?
- 7) Comment voles-tu dans le ciel ? sur un aspirateur ? sur un balai ?
- 8) Qu'est-ce que tu adores faire quand tu travailles ?

1) ....
2) ....
3) ....
4) ....
5) ....
6) ....
7) ....
8) ....

2 Complète les verbes.

Je ___ lav___ .

Tu ___ couch___ , oui ou non ?

Oh là là ! ___ se réveille !

COCORICOO

___ se lèv___ !

42 ● quarante-deux

3 Les repas de la sorcière. Complète.

1) tartines ▪ biscottes ▪ croissant
2) crapaud ▪ corbeau ▪ escargot
3) verre ▪ bouteille ▪ tasse
4) hamsters ▪ rats ▪ araignées
5) lait ▪ jambon ▪ fromage
6) biscuits ▪ souris ▪ fourmis

U6

Au petit déjeuner, je mange des .... (1) avec de la bave d'............... (2) et une grande .... (3) de chocolat chaud.
À midi, mon plat préféré c'est : des .... (4) avec du .... (5) râpé. Et pour dîner, avant de me coucher, j'adore manger des .... (6) grillées. Ahhhhahahah !

 Écoute et vérifie.

4 boîte à sons
Écoute et entoure si tu entends le son [ʃ] de *chat* et barre si tu entends le son [s] de *souris*. Attention : il y a des mots qui contiennent les 2 sons !

5 Je lis - Je dis Complète avec « oi » ou « a ».

 Écoute et vérifie.

quarante-trois • 43

Test : Es-tu un as en français ?

TU COMPRENDS TOUT ?

1 La nuit de Red, le vampire. Lis le texte et écris le numéro de la phrase qui manque.

1) Il prend son petit déjeuner ▪ 2) et se parfume ▪ 3) Il se brosse les dents ▪
4) Il s'habille ▪ 5) Il se lève de bonne humeur.

Il est minuit. Red se réveille. ☐ Il se douche ☐ avec son parfum préféré : « Eau Rouge ».
☐ : il met son pantalon noir, sa chemise noire, sa cape noire... Il pense : « Mmmm... j'adore le noir ! ».

☐ : un verre de jus de tomate et une tartine avec de la confiture de fraises. Il pense : « Mmmmm... j'adore le rouge ! ». ☐ (spécialement les canines).

Il se regarde une dernière fois dans la glace : « Mmmm... je suis très élégant ! ».

score : / 10

À TOI D'ÉCRIRE !

2 Red va au restaurant avec son copain, Morty. Complète les verbes.

Qu'est-ce que vous voul___ ?
Un gazpacho ou une salade verte ?
Nous préfér___ le gazpacho !
Nous ador___ la cuisine espagnole !

Et après, nous voul___ des spaghettis avec beaucoup de sauce tomate !
Et une glace à la fraise !

Oh là là ! Tout est rouge !

Oui !!! Nous aim___ beaucoup le rouge !!!

score : / 10

score total : / 20

Le français et toi.

En classe, comment tu es ? Colorie la bulle.

Je suis attentif/attentive.

Je suis dans la lune.

Je suis calme.

Je bouge tout le temps.

Je dors.

Je participe.

UNITÉ 7

J'AI UNE TANTE AU MAROC

1 Associe les 2 colonnes.

Que fait la tante Hip Hop...
1) quand elle a faim ?
2) quand elle a peur ?
3) quand elle a chaud ?
4) quand elle a froid ?
5) quand elle a soif ?

a) Elle boit 6 litres d'eau.
b) Elle met une minijupe.
c) Elle met un gros manteau.
d) Elle mange du chocolat.
e) Elle crie comme un hibou.

2 Complète les phrases à l'aide de l'exercice n° 1.

1)

Que .... Hip Hop ?

2)

Elle .... 6 litres d'............ quand elle a ....

3)

Elle .... du chocolat .... elle a ....

4)

Elle met une .... quand elle ....

5)

Elle met un gros .... quand elle ....

6)

Elle .... comme un hibou quand elle ....

quarante-cinq • 45

LA VILLE

1 Qu'est-ce qu'ils disent ? Recopie les phrases dans l'ordre.

1) une épicerie. / 17, / Devant chez moi, / rue des Lilas. / il y a / J'habite

2) au restaurant « Chez Louisette », / tous les jours / Je mange / à côté de / et pas cher du tout ! / l'hôpital. / C'est bon

Écoute et vérifie.

2 Mots croisés. Retrouve les mots de la liste (Attention, ils sont dans tous les sens ! ↔ ↕ ↗). Après, écris la lettre correspondant à chaque illustration.

L	O	S	T	E	O	N	M	E	T	A	H
B	M	E	C	A	L	P	I	I	C	C	O
V	E	O	A	I	B	C	R	M	I	E	P
M	L	S	F	A	A	E	O	U	N	S	I
E	R	I	E	M	S	E	P	S	E	I	T
L	I	B	R	A	I	R	I	E	M	M	A
A	M	A	V	E	N	U	E	E	A	G	L
N	H	I	E	P	I	C	E	R	I	E	P
P	E	H	C	R	A	M	R	E	P	U	S

1) avenue __c__   6) libraire ____
2) place ____   7) pharmacie ____
3) supermarché ____ 8) café ____
4) épicerie ____   9) cinéma ____
5) école ____   10) hôpital ____

a) b) c) d) e)

f) g) h) i) j)

3 Complète les phrases à l'aide des mots suivants.

J'habite ▪ place ▪ Lyon ▪ J'habite à ▪ 39 ▪ à ▪ Victor Hugo ▪ Où tu

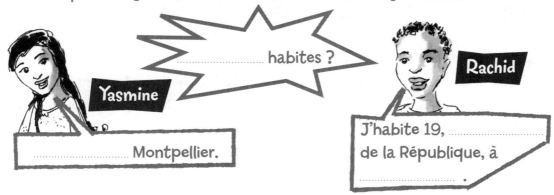

Yasmine : .... habites ?
.... Montpellier.

Rachid : J'habite 19, ... de la République, à ....

Matthieu : J'habite ...., rue ...., à Nantes.

Angéline : .... 25, rue Carnot, ... Levallois, à côté de Paris.

4 Rachid parle de ses copains. Complète : Ils sont ou Ils ont ?

1) Ils ont entre 11 et 12 ans.
2) .... tous dans ma classe.
3) .... les mêmes profs que moi.
4) En classe, ... un peu bavards (comme moi !).
5) .... gentils, sympas, malins...
6) .... sportifs. Ils adorent le foot, comme moi.
7) .... les mêmes passions que moi !

À toi !

5 Comment s'appellent tes camarades de classe ? Raconte.

Prénoms : ....

Ils/Elles sont... ....   Ils/Elles ont... ....

quarante-sept ● 47

BD  La lettre mystérieuse

1 L'ordinateur ne fonctionne pas ! Sépare les mots et recopie l'e-mail.

> ChèreSandrine,
> Jesuisbrun,grandetj'ailescheveuxtrèscourts.Enclasse,jesuisassisderrièretoimaisnousne parlonspasbeaucoupparcequejesuisunpeutimide.J'adorelebasket,etsurmonagenda,ilyaune photodel'équipeNBA.
> J'aiunetrousserougeetbleueidentiqueàtatrousse!Devinequijesuis!Maintenantc'esttrèsfacile! Aurevoir!Àbientôt!
>
> (Monprénomcommenceparlalettren°5del'alphabet.)

Chère Sandrine,
....
....
....
....
....

2 Relis l'e-mail et souligne la bonne réponse.

1) Qui écrit la lettre ? a) Un garçon. b) Une fille. c) On ne sait pas.
2) Sandrine est brune ? a) Oui. b) Non. c) On ne sait pas.
3) Ils sont dans des classes différentes ? a) Oui. b) Non. c) On ne sait pas.
4) En classe, ils parlent beaucoup ? a) Oui. b) Non. c) On ne sait pas.
5) Sandrine a une trousse rouge et bleue ? a) Oui. b) Non. c) On ne sait pas.
6) Le sport préféré du personnage mystérieux est le foot ? a) Oui. b) Non. c) On ne sait pas.

3 À ton avis, quel est le portrait du personnage mystérieux ? Coche d'une croix.

 a) ☐ Manu
 b) ☐ Élisabeth
 c) ☐ Éric
 d) ☐ Chloé

48 • quarante-huit

4
Reconstitue 4 formules utiles pour terminer une lettre, un e-mail ou une carte postale. Colorie les bulles de chaque formule de la même couleur et recopie-les.

lut !   bien   re   voir !   Bi
Au   ses !   À   tôt !   Sa

1) .... 2) ....
3) .... 4) ....

5 Je lis - Je dis
Lis et complète avec « o », « au » ou « eau ».

1) J'ad_o_re jouer au l__t____.

2) Il a un nouv____ vél____.

3) Jojo porte un b____ chap____ ____range et j____ne.

4) Elle a des ch____ssures noires et des ch____ssettes r____ses.

Écoute et vérifie.

6 boîte à sons
Écoute et entoure si tu entends le son [z] de **zèbre** et barre si tu entends le son [s] de **souris**. Attention ! Il y a un mot qui contient les 2 sons !

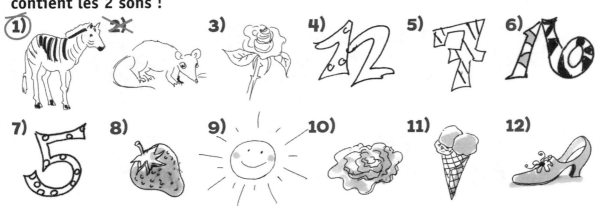

Jeux – Révision

1. **Loto de la ville. Colorie ton loto. Après, écoute et joue !**

2. **Lis ces mots à haute voix et barre l'intrus.**

1)
a) lapin   b) crayon   c) sapin   d) pain   e) jardin

2)
a) chaussure   b) chaussette   c) chat   d) souris   e) chapeau

3)
a) verre   b) vache   c) bus   d) vampire   e) valise

4)
a) zèbre   b) rose   c) zigzag   d) tasse   e) désert

UNITÉ 8

LES 4 SAISONS

1 Quel temps fait-il ?

a) Écoute et numérote les vignettes.

b) Indique sous chaque vignette le temps qu'il fait.

Il fait chaud. ▪ Il fait froid. ▪ Il neige. ▪ Il y a du vent. ▪
Il pleut. ▪ Il y a des nuages. ▪ Il fait beau ! ▪ Il fait mauvais !

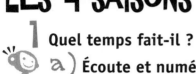

a) .... b) ....

c) .... d) .... e) ....

f) Il fait beau ! g) .... h) ....

cinquante et un ● 51

SPic

1 Test : As-tu une bonne mémoire ? *Vrai* ou *faux* ? Coche la bonne réponse.

	Vrai	Faux
1) Spic habite dans la forêt.	☐	☐
2) Il est très vieux.	☐	☐
3) Il a une petite tête triangulaire.	☐	☐
4) Il est très grand.	☐	☐
5) Il a une longue barbe blanche.	☐	☐
6) Ses oreilles sont pointues.	☐	☐
7) Il a des petits yeux gris.	☐	☐
8) Il sourit toujours.	☐	☐
9) Il a des pouvoirs magiques.	☐	☐
10) Il parle avec les animaux et les plantes.	☐	☐
11) Les elfes et les nains sont ses ennemis.	☐	☐
12) Il est invisible pour les humains.	☐	☐
13) Il sait très bien se camoufler dans la nature.	☐	☐
14) En hiver, il met une cape blanche.	☐	☐
15) Au printemps, il porte un pantalon vert.	☐	☐
16) Toute la journée, il marche et il chante.	☐	☐
17) Il est toujours fatigué.	☐	☐
18) Tout le monde déteste Spic.	☐	☐
19) Ses chansons sont horribles.	☐	☐
20) Spic est le gardien de la forêt des Enchantements.	☐	☐

Score sans consulter le Livre !

score : / 20

Score après avoir consulté le Livre !

score : / 20

52 ● cinquante-deux

2 Lis la description de Spila, la fidèle compagne de Spic. Dessine-la.

Spila a une petite tête triangulaire, d'énormes yeux bleus et des petites oreilles. Son cou est très long et elle adore porter des colliers de fleurs. Elle a une grande bouche et elle sourit souvent. Ses cheveux sont roux, frisés et très très longs. Elle adore les fraises des bois.

3 boîte à sons Écoute et entoure les mots qui commencent par [st] comme *stop* et barre les mots qui commencent par [sp] comme *sport*.

4 Je lis - Je dis Lis et écoute : complète avec « é », « è » ou « ê ».

1) mon fr__è__re Dédé
2) il déteste l'__cole
3) le verbe __tre
4) une p__che
5) un __l__phant
6) un z__bre
7) un b__b__
8) une fen__tre
9) la t__te
10) ma m__re

Jeux - Révision
VIVE LES VACANCES !!!

1 Écris le nom de chaque lieu ou chose dans la grille.

Découvre le nom des îles où je passe mes vacances.

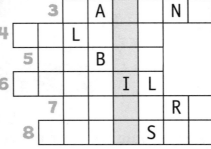

1				T	U	
2	P					
3		A		N		
4		L				
5		B				
6			I	L		
7				R		
8			S			

2 Qu'est-ce qu'ils disent ? Remplace les dessins par les lettres correspondantes.

Trouve les lettres.

Sniff, sniff !

54 ● cinquante-quatre

CONJUGAISONS

parler

je	parle
tu	parles
il/elle	parle
nous	parlons
vous	parlez
ils/elles	parlent

écouter

j'	écoute
tu	écoutes
il/elle	écoute
nous	écoutons
vous	écoutez
ils/elles	écoutent

regarder

je	regarde
tu	regardes
il/elle	regarde
nous	regardons
vous	regardez
ils/elles	regardent

Miaouuuu ! Wouaff !
Oh ! Tu parles deux langues étrangères !!!

J'écoute ma musique préférée !!

Il regarde son émission préférée.

dessiner

je	dessine
tu	dessines
il/elle	dessine
nous	dessinons
vous	dessinez
ils/elles	dessinent

travailler

je	travaille
tu	travailles
il/elle	travaille
nous	travaillons
vous	travaillez
ils/elles	travaillent

jouer

je	joue
tu	joues
il/elle	joue
nous	jouons
vous	jouez
ils/elles	jouent

Nous dessinons très bien !

Ouf !!! Elles travaillent beaucoup !!!

Ils jouent.

cinquante-cinq

se lever

je	me	lèv**e**
tu	te	lèv**es**
il/elle	se	lèv**e**
nous	nous	lev**ons**
vous	vous	lev**ez**
ils/elles	se	lèv**ent**

s'appeler

je	m'	appell**e**
tu	t'	appell**es**
il/elle	s'	appell**e**
nous	nous	appel**ons**
vous	vous	appel**ez**
ils/elles	s'	appell**ent**

avoir

j'	ai
tu	as
il/elle	a
nous	av**ons**
vous	av**ez**
ils/elles	ont

être

je	suis
tu	es
il/elle	est
nous	sommes
vous	êtes
ils/elles	sont

aller

je	vais
tu	vas
il/elle	va
nous	all**ons**
vous	all**ez**
ils/elles	vont

faire

je	fais
tu	fais
il/elle	fait
nous	fais**ons**
vous	faites
ils/elles	font